L ' E N F A N C E   D E   L ' A R T

Where the road leads away to Lascaux, a gap in the vegetation furnishes glimpses of a distant, reddish-ochre stain and rust-coloured lines, set against a hill of dark-green foliage. This is the contemporary human habitat; a "response" to the ecosystems of neighbouring valleys doubtless peopled by the first humans in history.

Montignac-sur-Lascaux is an unexceptional market town eking out its existence as best it can amid the mælstrom of our latterday fin de siècle. A dying centre, with tidy houses that fail to mask the boredom of being there, or melancoly hypermarket-displays replete with consumer-joys - the whole subjected to successive waves of tourists, gentle folk striving to recapture a forgotten past. Where these hordes have been, the past can no longer grow. The rare art of the cave-dweller attracts those who have none (not the art of living, in any case); the mere fact of their presence is enough to snuff out the fragile breath of the past. In short, a small town like any other, and a perfect mirror for our modernity.

The problem in this highly-charged context was to erect twenty-two social housing units upon the parcel of land known as Les Abattoirs.

Bernard Saillol, a native of the Périgord, has transformed the constraints of the brief into a highly intriguing architectural solution.

Two webbed feet of timber and gravel mark the entrance to the site. Ten follies line a street in the manner of the temples and pavilions of eighteenth-century parks, guardians of a forgotten romanticism (as witness the Désert de Retz, or Rousseau's On Education*). The cadence of this series of twice-five columns is interrupted by two houses with Roman tiled roofs that conjure up vernacular art. The street climbs in Roman fashion, straight to the top of the slope, and opens onto an esplanade where an initial series of steps tackles the hillside beyong. Great maws, there to swallow up the motor-car, are positioned on either side of the steps; at their summit, a proscenium affords an admirable view of the valley's geographical splendours - a poignant and enduring spectacle, and an every day reward for those lucky enought to inhabit the housing units laid out in tiers on the flanks of the hill. Each apartment is conceived as a lodge. A lazy combination of street and steps links a series of alleys leading off to entrances to the East and West, and culminates in an inflection hollowed out of the hill. This tiny theatre, with its tiers of seats, stage, stage-wall and line of trees, affords dual protection, both from the sound and fury of the molecular world of constant acceleration and collision, and from the reassuring spectacle of eternal nature. Silence is achieved here, and the renewed encounter with one's self through reflection, meditation, art.It is a wonderful thing to offer a place which is useless, and yet so useful, to those whose everyday lives are filled with cars, work and television. Frequented or no, it is essential that such places exist.*

Bernard Saillol has here chosen the concept of play - not gambling or intellectual play, but rather that of children, who stare wide-eyed at the spectacle of a world, who grasp its ubiquitous Angst in a flash, but who react or respond with a smile, which some would call naïveté.

In time of worry and cynicism, a smile can be refreshing to the soul.

1 LE SITE   *BERNARD SAILLOL*
     2
PHOTOGRAPHIE DE GEORGES FESSY   *HLM A MONTIGNAC*

H U B E R T   T O N K A

Au débouché de la route venant des grottes de Lascaux, dans l'entrebâillement de la végétation, apparaît au loin, sur le flanc d'une colline aux frondaisons vert sombre, une tache ocre rouge soulignée par des traits rouilles. Il s'agit d'un habitat humain contemporain, un répons, en quelque sorte, aux niches écologiques des vallées avoisinantes qui abritèrent certains des premiers hommes de la terre.

« Montignac-sur-Lascaux » est un coin ordinaire qui trouve, tant bien que mal, sa survie dans le grand maelstrom de cette fin de siècle, un cœur de bourg qui se meurt, des pavillons proprets qui cachent mal l'ennui d'être là, un hypermarché aux étalages tristes remplis par la seule joie marchande, le tout envahi par des bouffées de touristes, hordes de gentils qui tentent d'entr'apercevoir leur passé. Où ces hordes passent, le passé ne repousse plus jamais, le présent se détruit aussi. L'art rare des grottes attire une foule sans art (de vivre, en tout cas) qui, par sa simple présence, détruit le souffle fragile des artistes du passé et les souvenirs d'une région... A « Montignac-sur-Lascaux », tout est normal, conforme, c'est une petite ville de notre modernité.

Dans ce contexte, il s'agissait d'installer quarante logements HLM sur un terrain au lieu-dit *Les Abattoirs*.

Sur ce site chargé, Bernard Saillol, natif de cette terre périgourdine, a pris le parti d'un choix architectural qui m'a intrigué, tout comme il ne manque toujours pas d'intriguer, là-bas.

Deux pattes palmées, constituées de gravillons et de deux arbres, ouvrent l'ensemble qui s'établit, tout d'abord, sur un premier espace pentu, puis sur un second, plus pentu encore. Le long d'une rue, dix folies sont alignées : comme ces pavillons d'agrément qui peuplèrent les parcs du dix-huitième siècle, et qui sont autant de gardiens d'un romantisme oublié, la ruine, le désert de Retz, Jean-Jacques et *De l'éducation...* Le rythme, de ces deux fois cinq colonnes, est interrompu par deux maisons tout en toit, de tuiles romaines, évocation vernaculaire. En haut de la voie qui grimpe face à la pente à la romaine, s'ouvre une esplanade sur laquelle repose un premier escalier gravissant la colline. De part et d'autre de celui-ci, une grande gueule avale les automobiles. En haut de l'escalier, un proscenium d'où l'on peut admirer le splendide spectacle géographique qu'offre la vallée. Spectacle permanent et prègnant auquel assistent quotidiennement les habitants des logements qui s'étagent en gradins sur le flanc de la colline. Chaque appartement, desservi à l'arrière par une allée, est conçu comme une loge. Un rampant mi-rue, mi-escalier distribue des allées à l'est et à l'ouest, il mène à une inflexion creusée dans la colline, une fosse, un encaissement, un petit théâtre fait de gradins, d'une scène, d'un mur de scène et d'arbres, espace permettant une double disparition : abolition des bruits du monde, celui des molécules en accélération et en entrechoquement perpétuels, et celui du spectacle rassurant de l'éternité de la nature, autrement dit, là, atteindre le silence et sceller ses retrouvailles avec soi-même, par la réflexion, le recueillement, c'est-à-dire l'art. Je trouve beau, d'offrir à des gens, à ces habitants du monde bagnole-boulot-télé, un lieu sans utilité si utile. Qu'il soit ou non fréquenté, l'existence d'un tel lieu est essentielle.

Le choix de Bernard Saillol est celui du jeu, pas le jeu des joueurs ou des intellectuels, mais celui de l'enfant qui s'éveille, écarquillant les yeux sur un monde dont il saisit immédiatement l'angoisse sourdant de toutes parts, et dont le premier réflexe ou le premier message est le sourire, ce que d'aucuns appellent naïveté.

En ces temps d'inquiétude et de cynisme, un sourire rafraîchit l'âme.

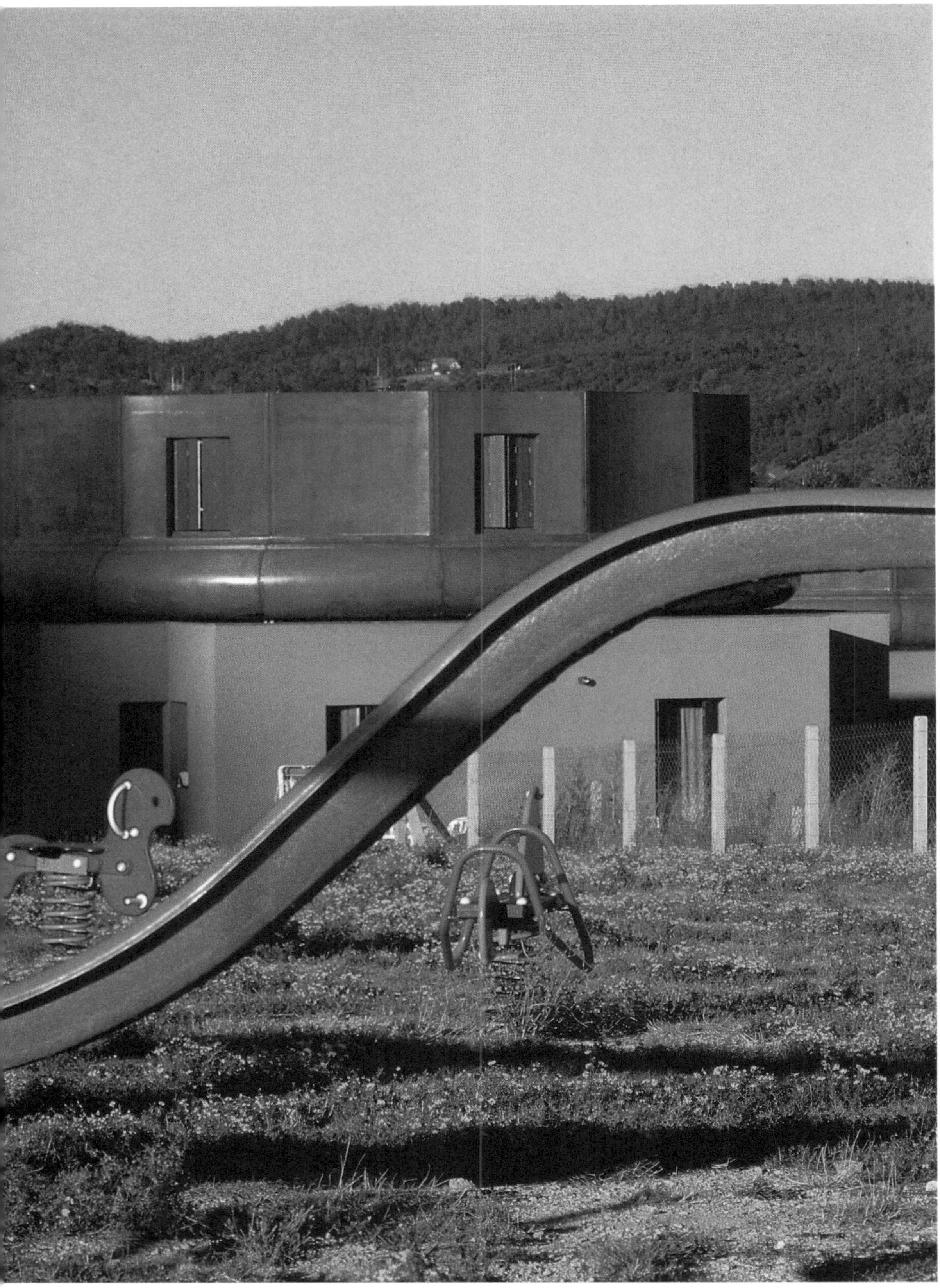

PLANS

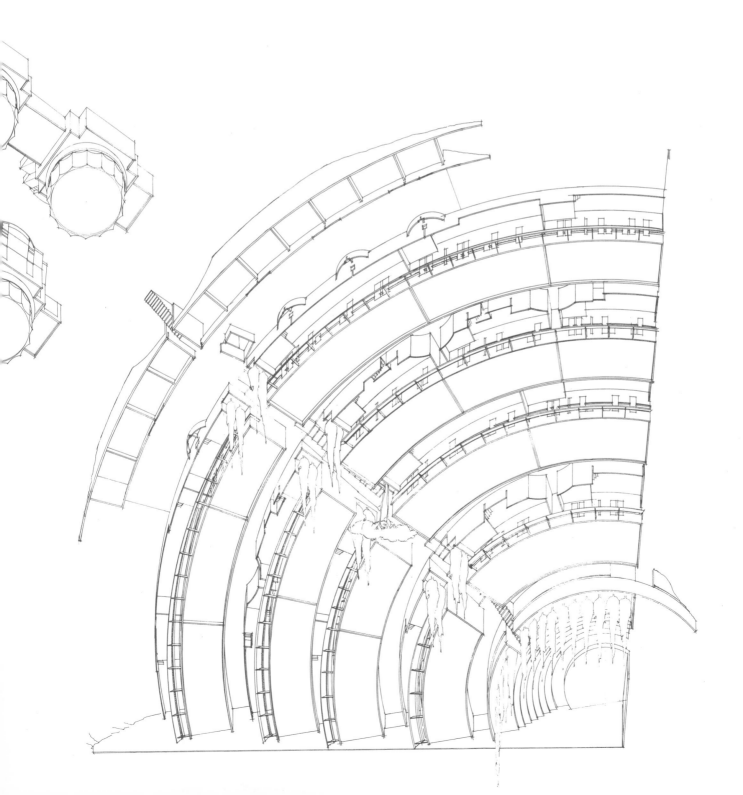

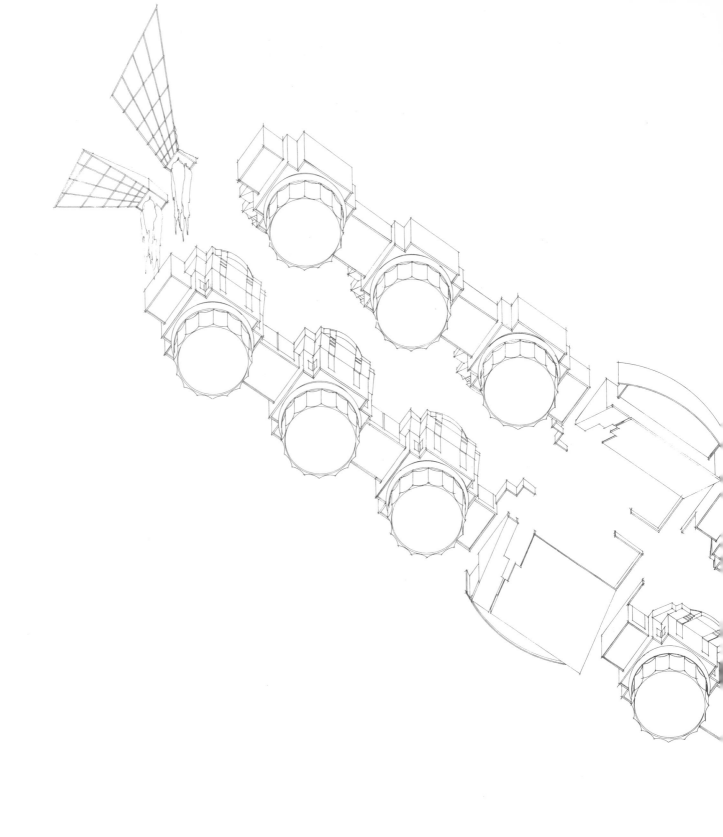

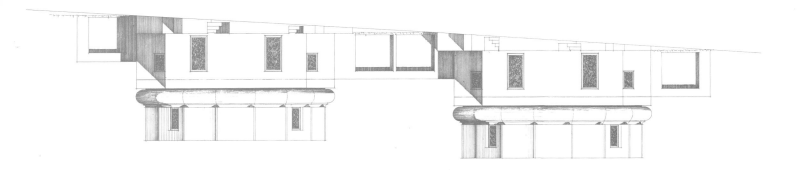

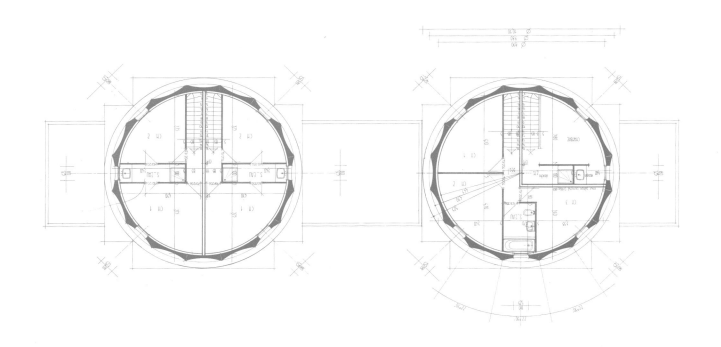

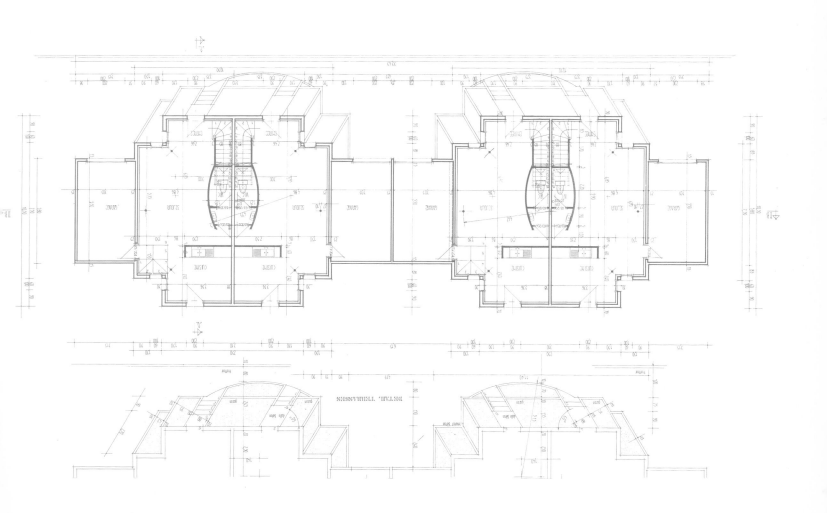

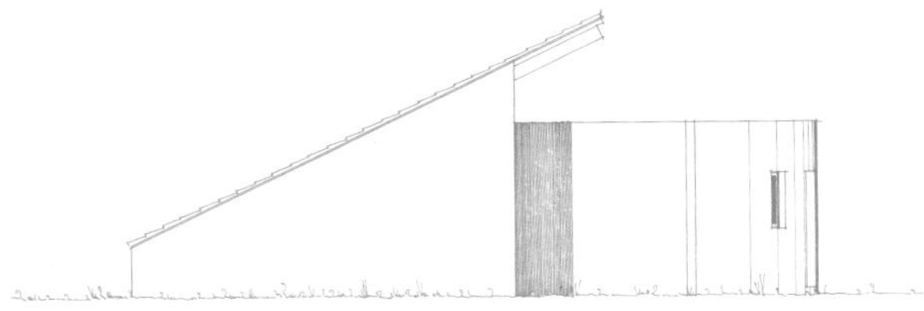

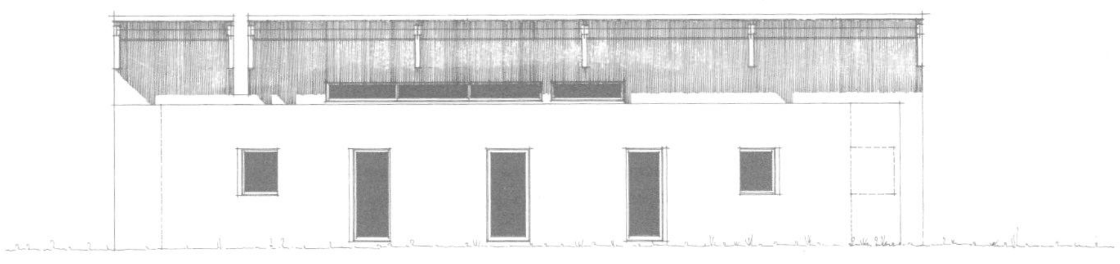

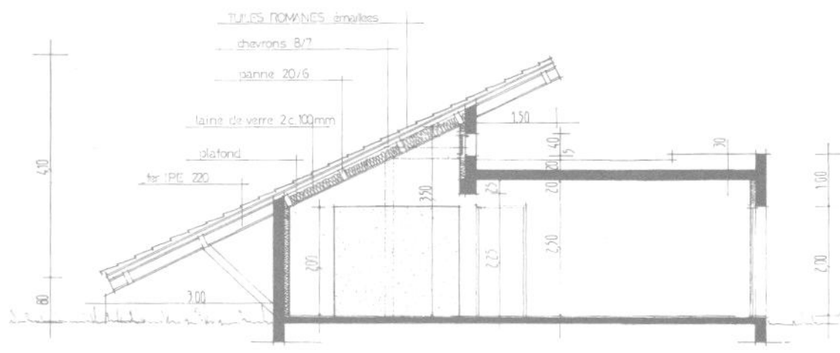

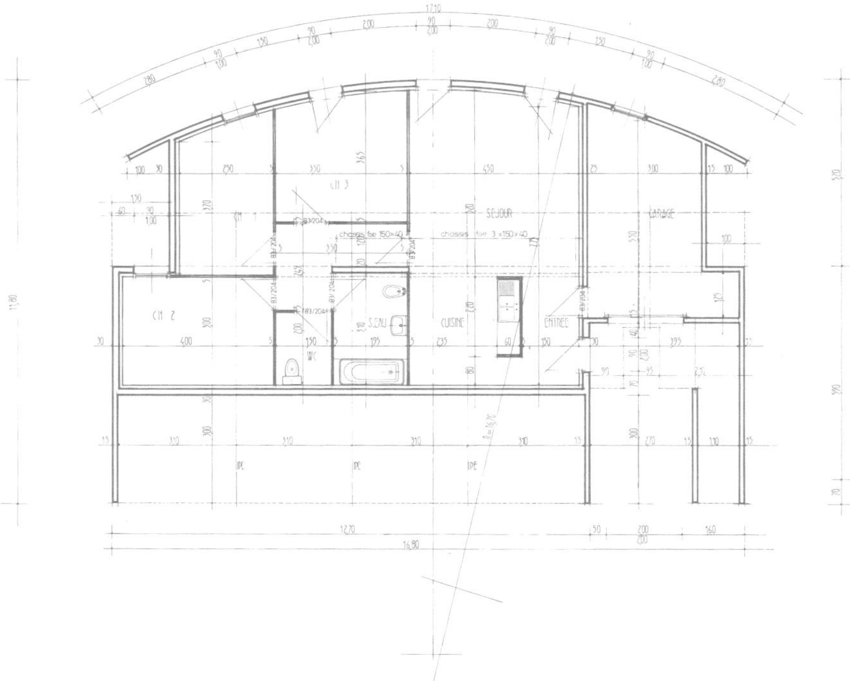

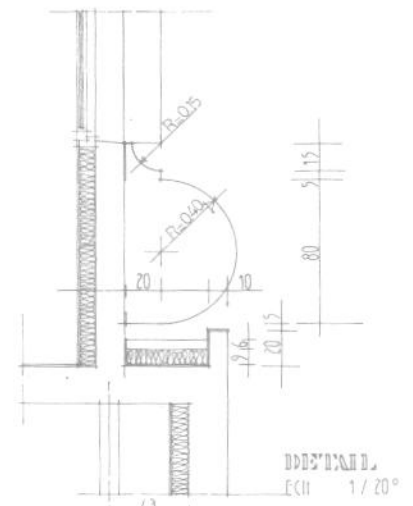

DETAIL
ECH 1/20°

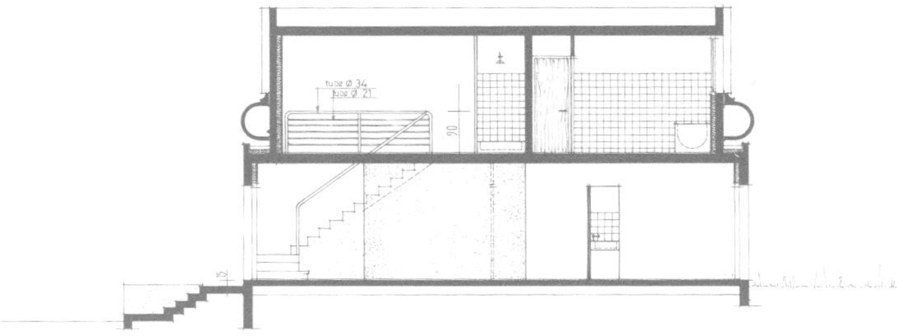

COUPE AA

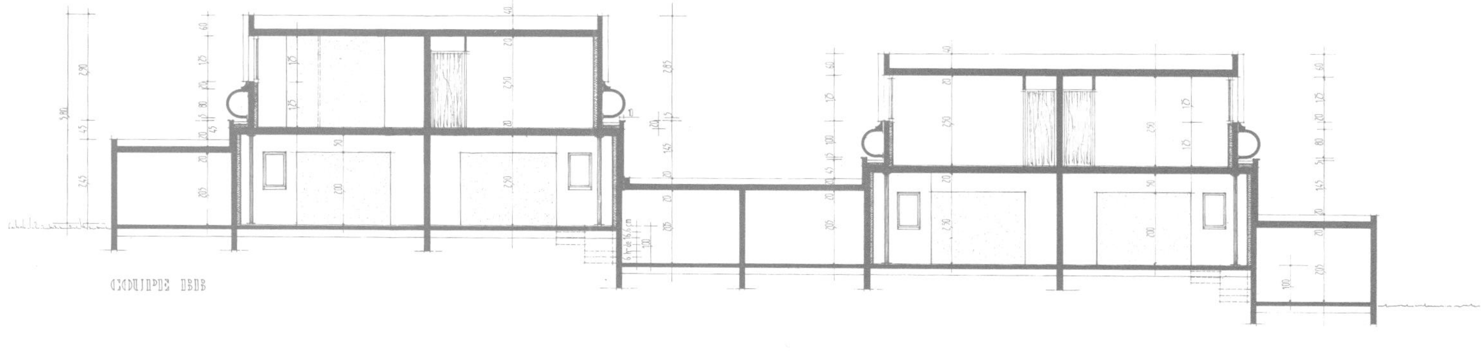

COUPE BB

LOGEMENT POUR HANDICAPÉS
(ECH. : 5 MMPM 1/200°)

39

ÉLÉVATIONS
COUPE/PLAN

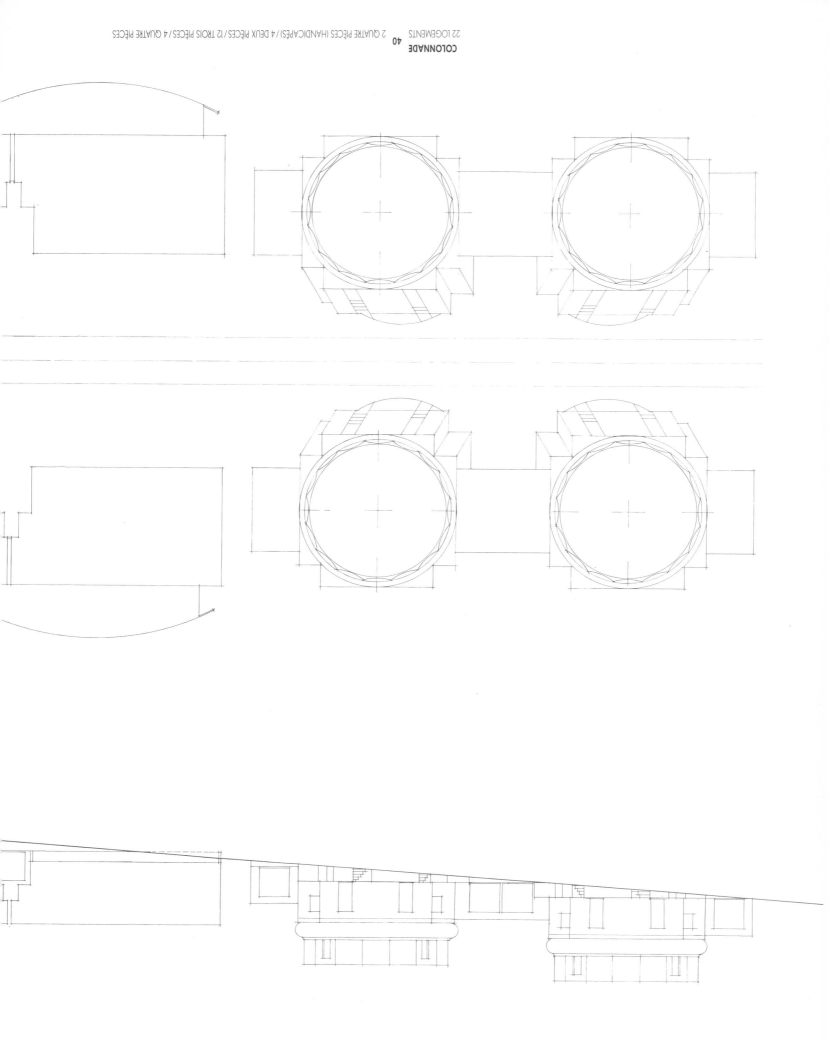

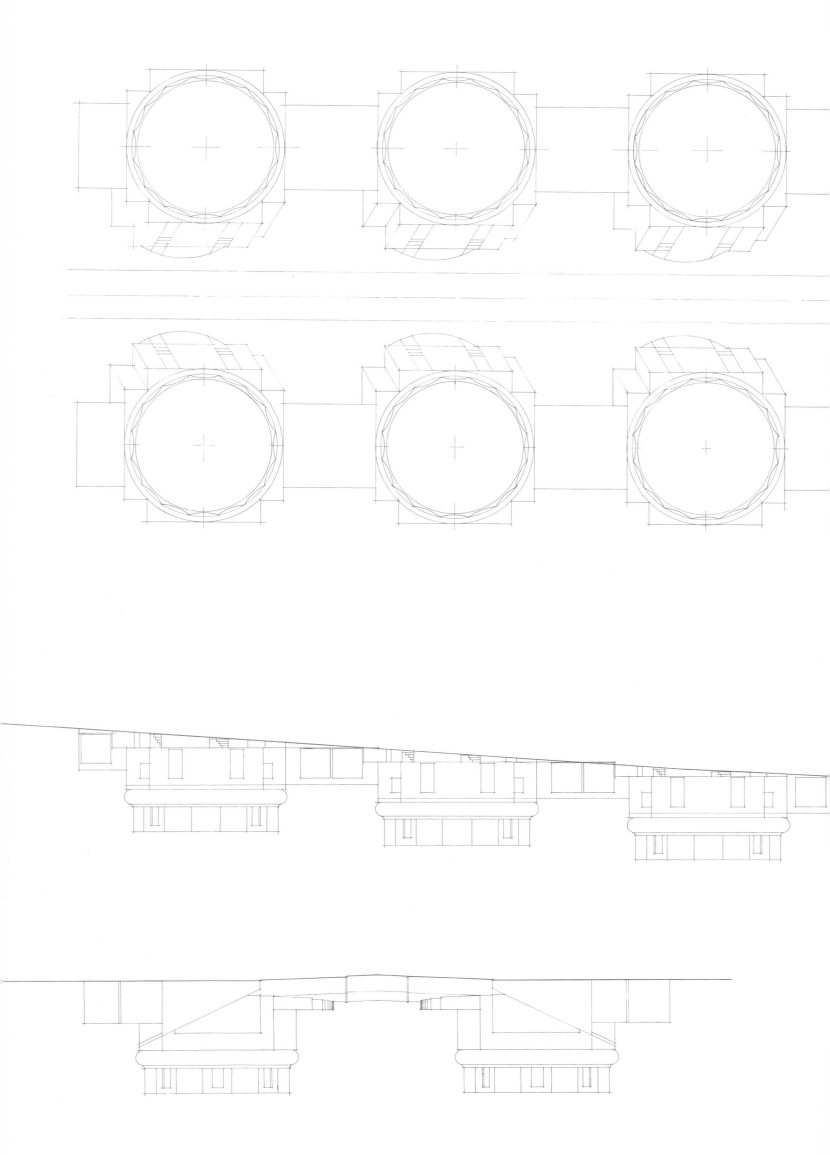

PLAN MASSE
(ECH. : 5 MMPM 1/200e) 41 ÉLÉVATION LONGITUDINALE
ÉLÉVATION TRANSVERSALE

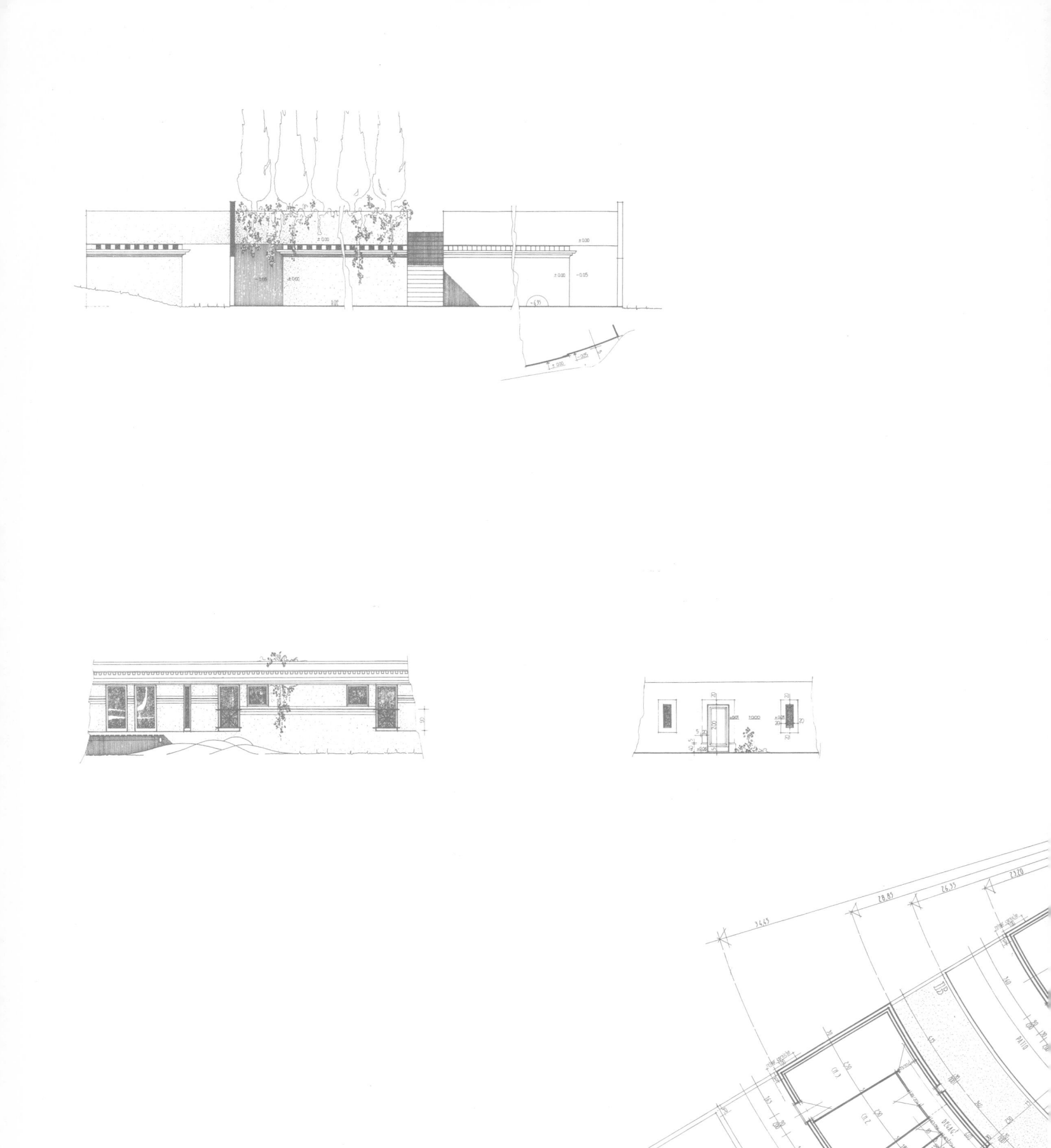

AMPHITHÉÂTRE. DÉTAILS MUR ET COUPE DU THÉÂTRE   **42**   PLAN DU THÉÂTRE ET DES LOGEMENTS EN AMPHITHÉÂTRE. (ECH. : 5 MMPM 1/200ᵉ)

DÉTAILS FAÇADE LOGEMENT / DÉTAIL CORNICHE ACIER ROUILLÉ   (ECH. : 1,25 CMPM)

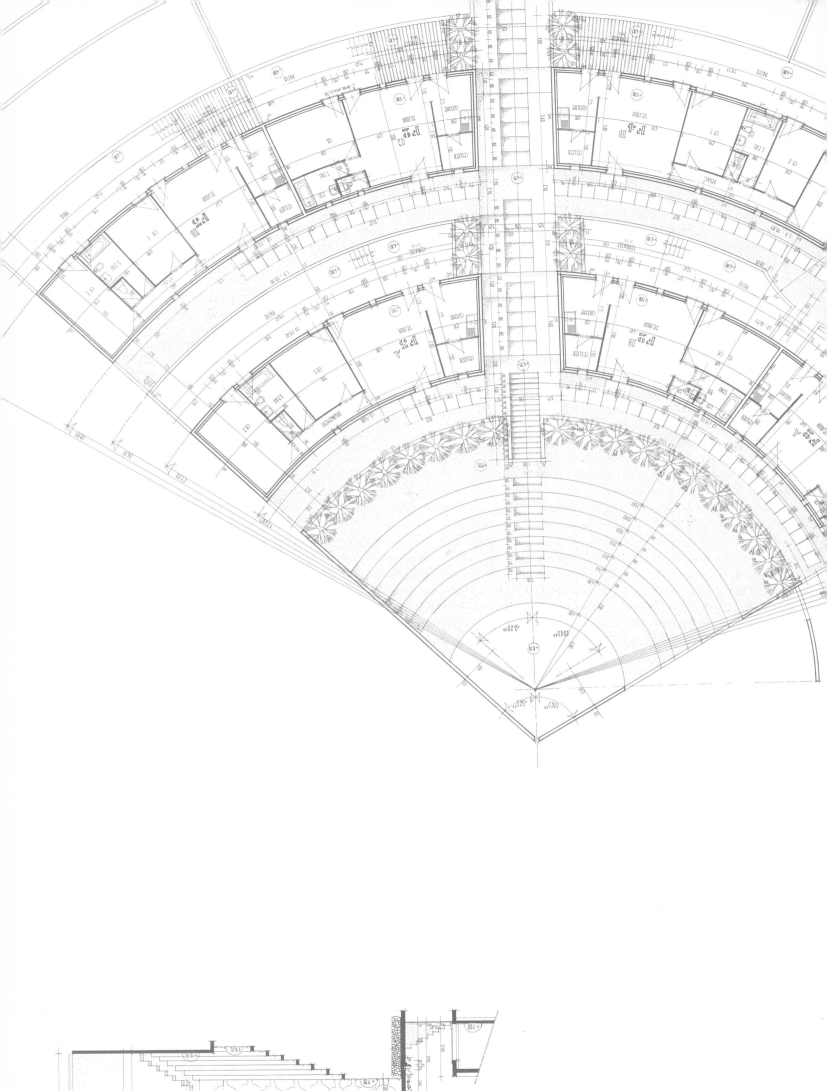
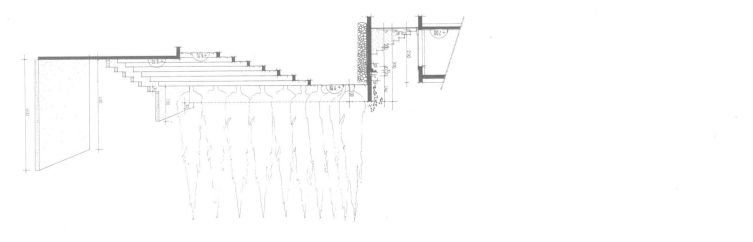

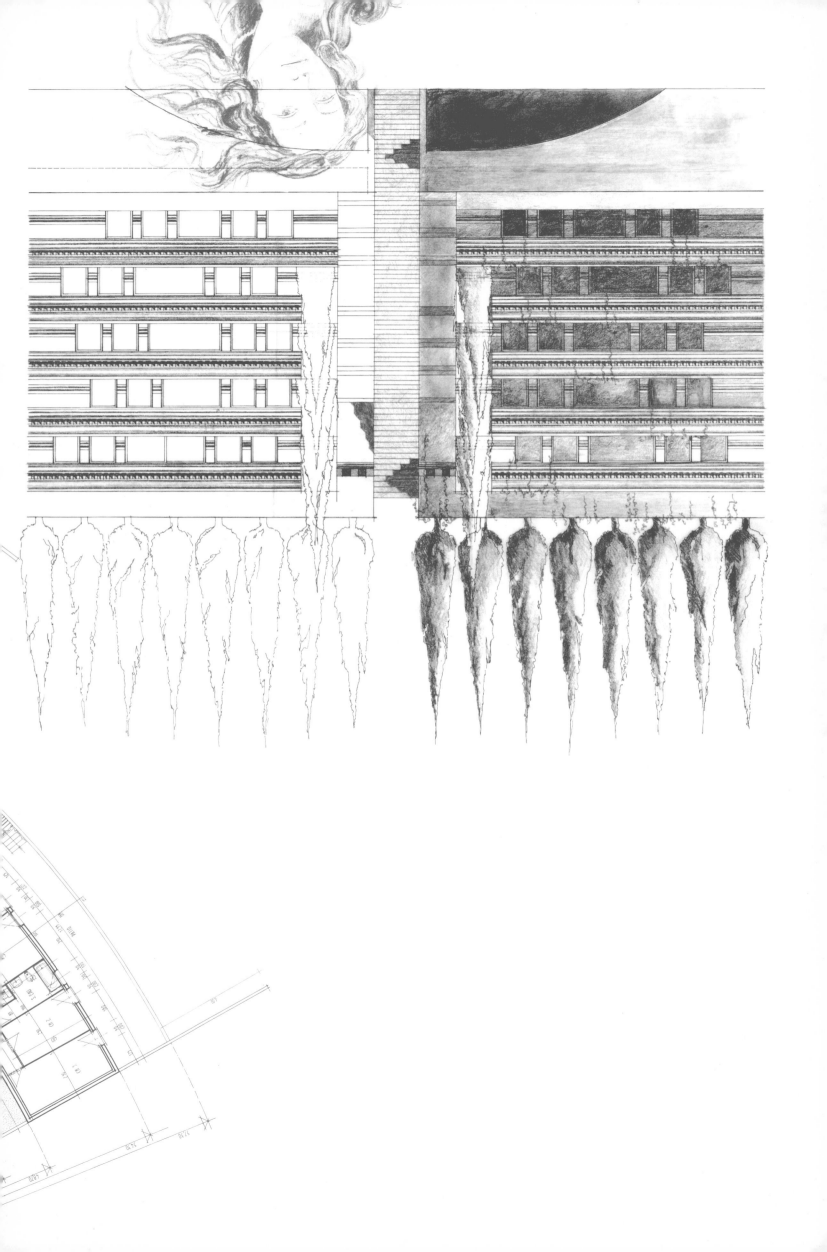

HLM A MONTIGNAC (DORDOGNE)

Quarante logements HLM (types: huit F2, vingt F3, neuf F4, deux F4 handicapés, un F5), parkings couverts, garages.

Adresse:
"L'Avant-garde"
Montignac (Dordogne)

Maîtrise d'ouvrage:
Société anonyme
d'HLM de la Dordogne

Maîtrise d'œuvre:
Bernard Saillol,
architecte

BET:
Séchaud & Bossuyt
S. Piccin, béton armé
M. Granger, fluides

Conducteur d'opération:
DDE de la Dordogne

Coordinateur:
Peixoto

Entreprises:
Estardier, *VRD*

Desmartis, *espaces verts*
Despinasse, *gros œuvre*
Marc, *charpente, couverture*
T.B.M., *préfabrication*
S.P.E.C., *étanchéité*
Jacq, *menuiserie, miroiterie, sanitaire*
Sarlat, *plâtrerie, peinture*
Goepp, *électricité, chauffage, VMC*
Brel, *revêtements sols, carrelage*
Murat & Lachaud, *serrurerie*
Caetano, *corniches métalliques.*

Surface du terrain:
28 000 m²

Surface H.O.N.:
4 215 m²

Coût de la construction:
10 440 000 F HT
(valeur juillet 1986)

Début des travaux:
juillet 1986

Livraison:
décembre 1987

Principales réalisations
1971-1985
Maisons particulières
1985
Centre d'exploitation de
l'Equipement à Lavalade
1985-1987
40 logements HLM à
Montignac
1987
Lycée d'Enseignement
Professionel à Thiviers (avec
Edmond Lay et Pierre Layre-
Casson)
1988
Hôtel des Impôts à Sarlat (avec
Edmond Lay)
Restructuration de la maison
de retraite de Beaumont-en-
Périgord
1990
Ecole primaire à Lalinde
Concours
1990
Maison de la culture du Japon
à Paris ("mention honorable")
Hôtel du Conseil Général des
Bouches-du-Rhône à Marseille
("mention du jury")

BERNARD SAILLOL
46 ans
vit et travaille à Beaumont-du-
Périgord (France)
Architecte
Agence créée en 1971

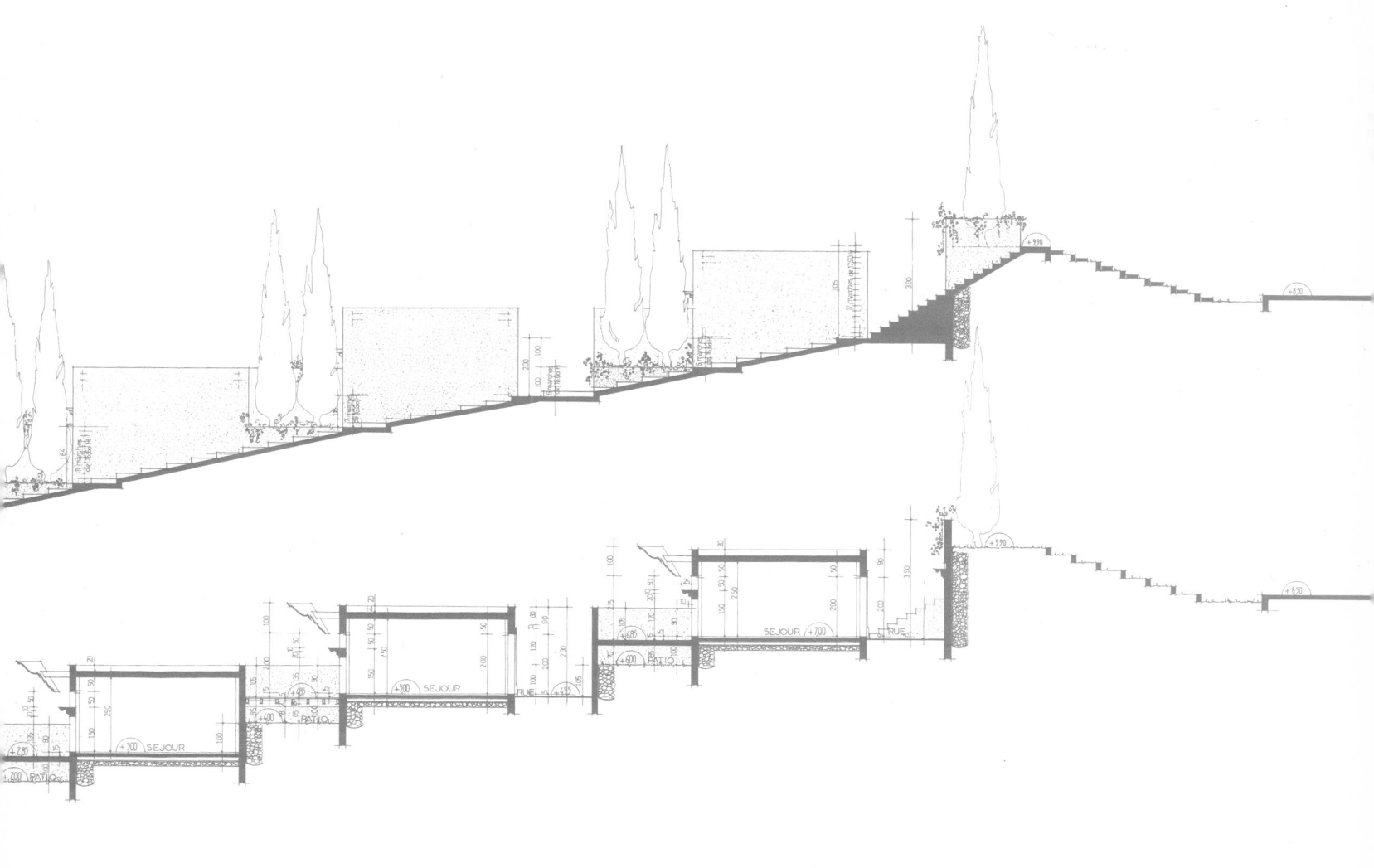

ARCHITECTURE & CIE
ÉTAT & LIEUX
par Hubert Tonka
& Jeanne-Marie Sens

Aux Editions du Demi-Cercle
29, rue J.-J. Rousseau
75001 Paris (France)

Concept narration :
Jeanne-Marie Sens,
& Hubert Tonka

Photographies :
Georges Fessy

Concept graphique, maquette,
& fabrication :
Hubert Tonka
Direction artistique :
Jeanne-Marie Sens

Assistante d'édition :
Marianne Brausch

Couverture :
Concept, Hubert Tonka ;
Direction Artistique,
Jeanne-Marie Sens
Photographie :
Georges Fessy

Traduction :
Kenneth Hylton

Photogravure :
Graphotec (France)
Papier intérieur, papier de
fausse couverture :
Arjomari (France)
Composition :
Ere Nouvelle Ouest (France)
Impression :
Imprimerie Le Govic (France)
Brochage :
Atelier Brogniart (France)

© 1990 Ed. du Demi-Cercle
Dépôt légal 3ème trimestre 1990
ISBN 2-907757 35-0
ISSN 1147-3371